SEJA POESIA

PATRÍCIA VIEIRA TOMÁS

Copyright © 2023 de Patrícia Vieira Tomás
Todos os direitos desta edição reservados à Editora Labrador.

Coordenação editorial
Pamela Oliveira

Preparação de texto
Maurício Katayama

Assistência editorial
Leticia Oliveira

Revisão de texto
Daniela Georgeto

Projeto gráfico, diagramação e capa
Amanda Chagas

Imagens de capa
Freepik

Dados Internacionais de Catalogação na Publicação (CIP)
Jéssica de Oliveira Molinari - CRB-8/9852

Tomás, Patrícia Vieira
  Seja poesia / Patrícia Vieira Tomás. — São Paulo : Labrador, 2023.
  96 p.

ISBN 978-65-5625-329-9

1. Poesia brasileira I. Título

23-1861   CDD B869.1

Índice para catálogo sistemático:
1. Poesia brasileira

EDITORA Labrador

Editora Labrador
Diretor editorial: Daniel Pinsky
Rua Dr. José Elias, 520 – Alto da Lapa
05083-030 – São Paulo – SP
+55 (11) 3641-7446
contato@editoralabrador.com.br
www.editoralabrador.com.br
facebook.com/editoralabrador
instagram.com/editoralabrador

A reprodução de qualquer parte desta obra é ilegal e configura uma apropriação indevida dos direitos intelectuais e patrimoniais do autor. A editora não é responsável pelo conteúdo deste livro. Esta é uma obra de poesia. Apenas a autora pode ser responsabilizada pelos juízos emitidos.

*Dedico especialmente à minha família e
a todas as pessoas que cruzaram
o meu caminho e às que ainda irão cruzar.
Vocês são a inspiração dos meus versos.*

Sumário

7	Laço
7	Ilusão
7	Íris
8	Ausência
9	Moinho
9	Lua
10	Eu e você
10	Wado
10	Rede social
11	Shakeaspeare
11	Poema mor
12	Político
12	Sereia
13	Atração
13	Alma
13	Amor verdadeiro
14	Kauê
14	Amore
14	Flor
15	Rede
16	Riacho doce
17	Reciprocidade
17	Praia dos Carneiros
18	Margarida
18	Dor
18	Mar e ar
19	Fugindo do amor
19	Mundo
20	Dois lados da moeda
20	Elixir do amor
20	Raffa
21	Amores
21	Sol
22	Iemanjá
22	Saudade
23	Vida e morte
23	Eu sem você
24	Água
24	Dondocas
25	Detalhes
25	Daniel
26	Rua Vinicius de Morais
26	Meu pássaro preferido
27	Mineiro
27	Metamorfose
28	Separação
28	Céu estrelado
29	Rua das crianças
29	Quem ama não adoece

30	Antes tarde do que nunca	46	Sampa
30	Ser sol e chuva	47	Beijo
31	Lua sorrindo	47	Elo
31	Aliança	48	Escute seu coração
32	Luto	49	Cotidiano
33	Cardápio humano	50	Patrícia
34	Alma gêmea	50	Sexo
35	Amantes	51	Amor profundo
36	A fila anda	51	Desejo
36	Levy	52	Rex
37	Assédio	52	O amor se recicla
38	Sonho	53	Cantinho secreto
38	Pombos	54	Vida?
39	Léo	55	Pandemia
39	Determinação	56	Antes de morrer
40	Café	57	Pílulas
40	Inspiração	58	Pandemia X Prisão
41	Vitinho	59	Ócio
41	Edifício	59	Você é o cara!
42	Guaxuma	60	Amor, vim ao mundo
42	Amor complicado	60	Meu
43	Bola pra frente	61	Beija-flor
43	Huguinho	61	Carinho na alma
44	Para sempre Sol	62	Telepatia
44	Minha veia	62	Dias difíceis, mas vai passar
45	Amor me chamas?	63	O lugar onde cresci – Riacho Doce
45	Ex	63	Nós
46	Ipioca		

64	Carpe Diem	78	Amor à vista
64	Serena	79	Só você não vê!
65	Bem-te-vi	80	Esperança
65	Estrada	81	Pedro
66	Encontro	82	Infância
66	Nostalgia	83	Será que a vida é um sonho?
67	Amor presente	84	Tainá
67	Filha	85	Há amor
68	Suprassumo	86	Crush
68	A fé realiza	86	O tempo
69	Marte	87	Ausência
69	E você?	87	O sentido
70	Paixão	88	Só o tempo vai dizer...
70	Era? Não é mais!	89	Meu corpo não é um parque de diversão
71	Outono		
72	Pandemia Covid-19	89	Passado
72	Te quero!	90	Pé de jambo
73	Mamusca	90	Seguindo o fluxo
73	Saudade sem fim!	91	Amor líquido
74	Luz	92	Lua que flutua
74	Gugu	92	Canto dos pássaros
75	A casa onde eu moro	93	Euzinha
76	Adolescência	93	Apoio
76	Cachorro	94	Lula Presidente
77	Destino	94	Silhueta ao mar
77	Meus sonhos	95	Mergulho
78	W.		

Laço

De pedaço
Em pedaço
Me refaço
A cada laço
Que traço
É um colapso.

Ilusão

Não perca a cabeça
Por aí
Perca a chave
Perca a reunião
Mas não vá perder
O coração
Na contramão.

Íris

A sua alegria é
Igual a melancia
Quanto mais a gente come
Mais se delicia!

Ausência

Vejo rostos
Todos os dias
Sinto cheiros
Todas as tardes
Ouço vozes
A todo instante
Dou abraços
Todas as noites
Nos meus sonhos
Te vejo
Quando quero
Na minha imaginação
Sinto calor
Mas não sinto
O do teu corpo
Cadê você que eu não
Vejo
Sinto
Abraço
Ouço?

Moinho

Como não amar
O mar e as ondas
Águas paradas
Não movem moinhos
O mar remove com o sal
Os espinhos
E as ondas quebram
O seu ser
Que mais parece
A meu ver
Tudo nascer
Num infinito
Amanhecer.

Lua

Na escuridão
Vi a lua
Brilhando...
Na tua pele nua
A areia do mar
Que pisas em noite
De luar
Transpira
Respira
Inspira
O amar!

Eu e você

Você é do ar
E eu sou do mar
Seu corpo
Quero
Habitar!

Wado

Quando te vejo
Meu coração sorri
Só você desperta
Isso em mim
É tão bom sentir
Me faz feliz, sim!

Rede social

Você me segue
Eu te sigo
E assim
Seguimos a vida juntos!

Shakeaspeare

Saudade de você
O que o amor
Prevê?
Ninguém sabe
O que há de acontecer
Se é o ser
Ou não ser?
Vamos viver
Pra ver
O que há de acontecer
Num novo amanhecer!

Poema mor

Quando um poeta
Ama outro poeta
É POEMA MOR!

Político

O mar de político
É ser tudo um lixo
Por que o poder corrompe?
E só pensam em
Ficar rico!
Ideias são ideias
Ação e transformação
Para o bem
Da nação
Vote com o coração
E coração não mata
Coração pulsa
Coração reage!

Sereia

O sol soltou o sal
No mar,
O mar marcou a onda na areia
E a sereia sorriu
Com a vida de sereia.

Atração

Penso em você
Do nada você aparece
Sonho com você
O sonho acontece
Será amor?
Só sei que isso acontece!

Alma

O barulhinho do mar
Acalma a alma!

Amor verdadeiro

Fecho os olhos
E sinto seu cheiro
Sua força
Seu abraço
Por inteiro
É amor verdadeiro.

Kauê

Corpos enamorados
Suados
Peles deslizam
Sob o dia cinza.

Amore

O amor tem validade!

Flor

O beija-flor
Beijou, beijou, beijou
A flor do meu
Jardim
E a flor
Corou
Com o amor do beija-flor.

Rede

É no balanço do mar
É no balanço da rede
Que me leva a balançar
Quando penso em te ver
Meus lábios sorriem
Só de pensar no que
Vem pela frente...
Se é amor ou
Se é o amar da gente
O que sei é que balança
Feito dança...
Sentimento puro
Igual criança!

Riacho doce

Cair da tarde
Brisa suave
Murmúrio das ondas
Carícias de crianças
Velas brancas
Imensidão azul
Casais enamorados
Cachorro na areia
Palmeiras dançando
Na areia sentada
Pensando...
Natureza, obrigada!
Beleza de vida
Água de coco
Caminhadas, mergulhos
Ondas, areia
Natureza, obrigada!

Reciprocidade

Sorriso
Exposto
No rosto
A gosto
Do que vê
No outro
O sentimento
Exposto.

Praia dos Carneiros

Bem-te-vi
Quase pousa
Em mim
Arco-íris
Pote de ouro
Logo ali
Lugar mágico
Sim!

Margarida

Bem me quer
Mal me quer
Seja o que eu quiser
E tu quiseres.

Dor

A dor incomoda
Nos acomoda
Paralisa
Você analisa
O sentir
O existir
E o desistir!

Mar e ar

Sou do mar
E você do ar
Seu corpo
Quero habitar
O silêncio do vento
O barulho do mar
Quero te acompanhar
No ar.

Fugindo do amor

Sou um vulcão
O mar me acalma
Por onde passa
Deixa marca
Meus lábios
Marcam o beijo
Sensível como uma flor
Impulsiva como o tempo
Às vezes previsível
Outras, não!
Vejo beleza nas coisas simples
Observadora e sonhadora
Cansada de tanta dor
Ando fugindo do amor!

Mundo

O céu caiu no chão
Quando você me pediu perdão
E eu te disse
Não
O céu caiu no chão
Quando o seu coração
Escorregou na contramão
O céu caiu no chão
Quando você foi embora
Do meu mundo?
Não!

Dois lados da moeda

Amar virou
Coisa de gente
Corajosa...
Um faz sorrir
Outro faz chorar!

Elixir do amor

A lágrima
E a chuva
Caíram
O trovão anunciou
A dor de sentir
Elixir do amor.

Raffa

O silêncio
Mora no vazio
A luz ilumina
Tua paz
Presença
No ar.

Amores

Tripas sentimentais
Amores fatais
Amores carnais
Amores banais
Amores normais
Amores nada mais!

Sol

Hoje o sol
Me avisou
Se prepare
Que estou vindo aí
Com toda força
E brilho
Para iluminar
Seu dia
Agora acorde
Que hoje
É um novo dia
E os passarinhos cantam
No seu ninho.

Iemanjá

Fui exaltar
A rainha do mar
Casamento no altar
Flor na mão
Amor no coração
Sua benção
Uma missão.

Saudade

Não é por idade
Nem maldade
Mas a saudade
Mora ao lado
Da cidade
Onde metade dorme
E quando acorda?
A saudade ainda dorme!

Vida e morte

A jangada partiu
O amor partiu
O mar é infinito
O amor finito
Assim, viver
É ir
Voltar
E partir!

Eu sem você

Casa sem número
Amor sem perfume
Chuva sem água

Doce sem açúcar
Mar sem sal
Eu sem você!

Água

Água
Me nutre
Acalma
Do ventre
A alma sente
A energia presente
No planeta
Que deveria ser
Água
Dela nascemos
Terra
Nela morreremos.

Dondocas

Veja só
Que tristeza
A realeza
Tamanha nobreza
Que vive de moleza
Acorda com tudo em cima da mesa...
Não vê a beleza da natureza
E dorme com tristeza.

Detalhes

Há mais alegria
Na melodia
Do que no dia
Há mais beleza
Na tristeza
Do que na fineza
Há mais amor
No coração
Do que no mundo cão
Há mais alegria, beleza e amor
Ao nosso redor.

Daniel

Ei, flagrei
O teu olhar
Eu, molhada
E parcialmente despida
Nem um pouco constrangida
Muito menos tímida
Retribuí o olhar
Com um sorriso
E um abraço molhado
Mas que flagra engraçado!

Rua Vinicius de Moraes

Chovia
E ele no meio
Da rua
Varria...
Incessantemente a água.
Os carros passavam
E ele não parava...
Era ele
A sombrinha
A vassoura
E a chuva
Numa sexta à noite.

Meu pássaro preferido

O bem-te-vi cantou
O mar soou
Ela se encantou.

Mineiro

Vem
Chega de mansinho
Como quem não quer nada
Vem
Chega de mansinho
Como a brisa
Vem
Devagarinho...
Mas
Se quiseres
Vem rapidinho...
Para o abraço gostosinho
Vem
Café quentinho!

Metamorfose

Mudança
Recomeça
Esqueça
Desapareça
Cabeça
Tropeça
Coração acelera
Começa!

Separação

Voa, voa
Passarinho
Para longe
Do seu ninho
Que o caminho
É habitar
Às alturas
A imensidão azul
Em bandos.
Passará, passarinho,
Encontrarás outro ninho
Carinho
Voa, voa, passarinho
Para longe do seu ninho.

Céu estrelado

Amanheci
Vendo estrelas
No sonho
Presença
Ventania
No leito.

Rua das crianças

O teu coraçãozinho
Batia dentro de mim
A tua mãozinha
Fazia cosquinha
Na minha barriga
Agora você cresceu
E o seu coração não é
Mais meu!
A sua mãozinha
Agora me dá tchau
Vou brincar!

Quem ama não adoece

A dor
É ser
Quando a alma
Cala
O corpo
Grita!

Antes tarde do que nunca

Acordei cedo
Mas quando realmente
Acordei
Era tarde demais
Não dá para voltar atrás.

Ser sol e chuva

Quero
Mergulhar
No verde dos seus olhos
Adormecer
Nos seus braços
Acordar nos seus sonhos.
Deslizar
O meu corpo
Sob o seu
Embaixo do chuveiro
Ser sol e
Chuva
No verão.
Mergulhar
No verde dos seus olhos
Com profundidade
E leveza.

Lua sorrindo

Tarde sem fim
Maré baixa
Mergulho morno
Coqueiros na penumbra
Lua sorrindo
Estrela surgindo
Brilhando
Oscilando
Noite em mim.

Aliança

A rainha do mar
Iemanjá presenteou
Aliança no mar...
O sonho
Casamento na praia
Sonho ou realidade?

Luto

Você já perdeu alguém?
Perdi pra vida...
Ela perde o sentido
Você deseja
Ir junto
Sentimento profundo
Parece que acabou
O mundo... no luto
A vida vira
Uma luta...
Uma constante permuta.
Depois que passa
Tudo
É
Mais
Valorizado
E
Amado!

Cardápio humano

Real ou virtual?
Relação humana
Ou relação virtual
Cadê o frio na barriga?
O coração acelerado?
Geração X Y Z
Tinder
Cardápio humano
Sexo sem amor
Amor sem amor
E assim...
O ser humano
Vai virando robô
Desse mundo bobo
Que nos restou!

Alma gêmea

Expectativa
Versus
Realidade
Amor
E
Dor
Andam
Juntos
Lado A
Lado B
Antes só do que mal acompanhado
O amor é a sintonia
Nos corpos e na alma
Há quem acredite
Em alma gêmea
Eu tenho a minha!
Encontrei ontem...
Iemanjá colocou no meu caminho
Mas elas quase nunca ficam juntas...
Enfim, sincronicidade sem fim!!

Amantes

Perguntaram para mim
Se tenho uma queda por você
Uma queda?
Tenho é um trem no coração
Quando nos encontramos
Ficamos lesados
Esse trem no coração
Ocupa muito espaço
Não dou certo
Com ninguém!
Queda?
Já ralei os dois joelhos
Por ciúme
Doeu mais do que coração partido
Cicatrizou!!
Aqui estou vivendo o agora
Com o coração aberto
Esperando alguém cair
De paraquedas!!

A fila anda

Um olhar
Na mesma direção
Calar
Quando não há
Como mudar...
Resistir
Prosseguir
Sentir
Partir
Um outro olhar
Nova direção!

Levy

Ele disse:
Vou deixar você ir embora!
Logo pra ela que adora fugir...
Fazia frio ali!

Assédio

Já chamei
De assédio
Mas não teve remédio
Repara
Todo
Santo
Dia
No meu cabelo
Perfume
Roupa...
Que agonia!
Quem gosta de velho
É reumatismo!
Já dizia o ditado
Mala sem alça
Parte logo
Que vou mandar
Soltar fogos de artifício!
E o seu ofício?
Malefícios
Benefícios.

Sonho

Sonhei com você
Sonho que se sonha
Junto
Vira realidade
A continuação dessa poesia
Somos nós dois...

Pombos

Lembrando
De você
Eis que surge
Na minha frente
Uma revoada
De pombos
Voando...
És uma pomba lesa
Mesmo!
Pousaram no fio
Isso é segurança?
Amor por um fio!

Léo

Ele disse
Quando acordo
Sinto falta
Falta de ar?
É, o amor às vezes
Sufoca!

Determinação

Puxa daqui
Puxa de lá
Só não pode
Parar!
Melhor coisa
Não há...
Remar contra a maré
Para não
Afogar!

Café

O café
Esfriou
Meus cachos
Formaram um coração
De cabeça para baixo
E você?
Não está
Do meu lado!
Até gosto de café frio...
Mas o inverno
Vem vindo
Café quentinho!

Inspiração

Você me inspira
Sonho acordada!
Quando te vejo
Me vejo...
Mas você não me vê
Sonho sonhado
Presença!
Saudade do que não vivi!

Vitinho

Ontem
Pisada
No meu
Pé
Hoje
Trombada
No joelho
Querendo
Chamar
Minha
Atenção?!
Tocar meu coração
O amor é uma colisão?

Edifício

Concreto?
Somos
Feitos
De
Afeto!

Guaxuma

A primeira vez
A gente não esquece...
É como provar doce
O cheirinho da terra molhada após a chuva
O cheirinho de café...
Fica sempre um gostinho de quero mais!

Amor complicado

Por que o amor
Precisa ser complicado?
Se o que quero
É estar ao seu lado!
O medo de perder
Vai bater
Vai doer
Mas vou esquecer
De te esquecer!
Precisa ser complicado
Coração alado?!

Bola pra frente

Apanha
Arranha
Deixa de manha
Que daqui pra frente
É o amanhã!

Huguinho

Não lembro
Quando se foi...
Mas ele voltou
O sonho concretizou!
Como o sol
Ilumina
Protege
Irmão
De coração!

Para sempre Sol

Irradia
Ilumina
O que te domina!
Aproxima
O bem que te fascina
Menina...
Para sempre sol
Ontem noite
Hoje dia
Irradia
Menina!

Minha veia

Veia bailarina
Baila na vida
As pedras
E as flores
Viram rima.

Amor me chamas?

Amor em chamas!
Ah, o amor...
Aquece
Enlouquece
Adormece
Entristece
Enobrece
Anoitece
Amanhece
Amor me chamas?

Ex

Sonhei com você
Querendo saber de mim
Perguntando por mim
Respondi no sonho!
Quando me encontrar
Não me pergunte novamente!
As pedras que surgiram
Expulsei
A ferida virou caroço
E você não faz parte
Da minha vida...
Nem do meu sonho!

Ipioca

Abraça
Se desfaça
Do que te despedaça
Tira a mordaça!
Anda descalça...
Veja que graça
O mar...
Abraça!

Sampa

No meio
Do caminho
Tinha um coração partido
Um elo perdido
No meio do caos
Uma pausa
Que pulsa!

Beijo

Quando nascemos choramos
Depois aprendemos
A sorrir
A existir...
Para depois partir!
Todos temos uma marca
Na vida das pessoas
A minha marca é o beijo
Quando cumprimento
As pessoas beijo de verdade
Sempre fica a marca do batom
Do beijo!
Descubra a sua marca
Na vida das pessoas...
E ao me despedir
Digo beijo!

Elo

Elo, elo
Seu passado
Te revela
Em cada novelo
Um elo, elo
Laços que virão
Nós
Em nós
Elo, elo!

Escute seu coração

Hoje escutei meu coração
Pela primeira vez
Tudo normal
Só um traço diferente
Que o doutor
Disse que é o emocional
Normal!
Por isso escrevo poesia
E vejo
POESIA
Por onde
Passo...
Tinha flores pra mim
O trânsito fluindo
Seu nome surgindo
No meu caminho
Lado a lado!
Escutei o meu coração
O som da canção!

Cotidiano

Dois velhinhos
Às 21h30
Na rua
Entrando no carro...
Achei lindo!

Ela serena
Ele exausto
Na direção!
Os tempos mudaram
A mulher hoje
Está na direção
Em quase tudo
E as relações efêmeras!
Evolução?

Patrícia

A menina vivia no mar
Não se via sem ele...
Mudou para a rua das crianças
O mar estava ali...
Mas ela não estava presente
Lá tinha o canto dos pássaros
E a alegria das crianças
Mudou para a rua do poeta...
E se encontrou!
Agora a menina visita o mar...
E descobriu ele dentro dela!
Infinito amar...

Sexo

Nexo
Convexo
Sexo
Anexo
Reflexo...
Perplexo
Plexo solar
Expele
A pele...
É ele
É ela
Anexos!

Amor profundo

Cinema mudo
Amor profundo
Coisa de outro
Mundo...
Me tirou o sono
Era sonho...
Passado
Presente
Borboletas no estômago.

Desejo

2020 quero
20cm x 20cm de distância
Entre nós...
Ver você
20 vezes no mês
Os outros 10 dias
São para sentir saudade...
E quando nos encontrarmos
Serão 2.020 beijinhos.

Rex

Calor
Suor...
Dançante
Toque suave
Lado a lado...
Abraço que parte
Sorriso que fica!
Amor no recinto
Sempre sinto!

O amor se recicla

Hoje cedo fiquei um tempão olhando para o brilho do mar prateado...
As pessoas também brilham. Amamos o amor porque amamos como nos sentimos quando estamos amando e o sentimento é recíproco... a vida ganha mais sentido!
Você ser honesto e sincero com seu próprio sentimento não tem preço. As pessoas ao seu redor percebem quando você está amando. Você muda e tudo ganha um novo significado na vida!
Assim como o mar é calmo e se agita... o amor se recicla!

Cantinho secreto

Esse é o meu cantinho
Lugar onde renovo
Minha energia...
Meu interior
Exterioriza
Prioriza
A paz desse lugar
Beleza igual não há
Estrela do mar
Beleza singular
Quero me perder
Para me encontrar lá!
Cantinho meu
E amigos meus
Foram visitar...
Esse lugar é de arrepiar
Bom pra namorar
E se deleitar!

Vida?

Vida
Você está aqui,
Aí
Ou em mim?
Vou te encontrar
Nos pequenos detalhes...
Na luz
No som
No cheiro
Na cor
No amor!
Ai de mim.

Pandemia

Sob pressão
Isolamento social
É opção
Dentro de casa
Mora o cidadão
E quem mora na rua
E dorme no chão?
Isolamento social
Família
Nação
Enquanto isso as borboletas
Voam em bandos!!
Liberdade e transformação
Eis o que queremos sem pressão!
Aguenta coração!!
O mundo está doente
E pede perdão...
Qual será a solução?

Antes de morrer

Antes de morrer...
Quero plantar vários girassóis
Quero tomar muito açaí
Quero visitar minha praia preferida
Quero morar em outra cidade
Quero ver minha filha tornar-se adulta
Quero tomar café e escrever um poema quente
Quero pegar minha prancha e remar ao nascer do sol
Quero viver e renascer todos os dias
Quero ouvir o barulhinho do mar
Não quero viver até os 99 anos como minha avó viveu
Depois de morrer... Tudo continuará existindo no infinito ser.

Pílulas

Pílula do coração
Pílula da felicidade
Pílula da ansiedade
Pílula da sanidade
Pílula da longevidade
Pílula da sobriedade
Pílula da memória
Pílula da alergia
Pílula da anemia
Pílula da sinergia
Tomou ou esqueceu?
A pílula que pirula
O seu ser ou não ser
O seu ter ou não ter.
Cala a tua boca
E escuta o seu corpo
Gritandoooo.

Pandemia X Prisão

Saudade
Chove lá fora
E aqui dentro de mim...
Trovões, raios
E essa vontade de partir
Sair
Sem medo
Sem pressa de voltar...
Ouvir os passarinhos cantando
Na rua
E sentir liberdade temporária
Prisão necessária...
Saudade
Faz sol lá fora
E aqui dentro de mim!

Ócio

Tem dias
Que faço sol
Outros dias
Faço sombra
Faço fogo
Faço chuva
Faço risos
Faço choro
Faço doce
Faço amor
Faço raiva
Tem dias
Que não faço
Nada!

Você é o cara!

Agora sou eu que tiro...
Seu sono
Sua fome
Sua paciência
Seu ciúme
Sua lucidez
Sua pressão
Sua paz
Sua calcinha
Você de casa!

Amor, vim ao mundo

Sexo
Do
Fim
Do mundo...
Pensei em você
E senti
Tic-tac!
O tempo está passando
E a vontade aumentando...
Mais um dia
E não consigo
Parar de pensar
Vai passar...
E será o amor
Do vim ao mundo!

Meu

Céu que parte
Seu que fica
Céu que embala
Seu que imita
Céu que invade
Seu que irradia
Céu seu
Céu meu!

Beija-flor

Beija-flor
Agorinha
Bateu na porta
Estava aberta
Ele quis me beijar
De boca aberta
Ligeiro...
A surpresa foi tanta
Que espantei
O beija-flor...
Ô volta, meu bem
E beija a flor!

Carinho na alma

Sorriso
Radiante
Coração
Acelerado
Correntes
Elétricas
No corpo...
Pensamentos macios
Carinho na alma.

Telepatia

Telepatia
Sonho que flutua
Na mente presente
Corpo ausente
Semente!

Dias difíceis, mas vai passar

Encontrei seu olhar
Além-mar
Sem brilho
Caído...
Encontrei seu abraço
No oásis
Da tempestade...
No âmago
Da saudade.

O lugar onde cresci – Riacho Doce

O lugar
Onde cresci
Agora
Me embala
Com seu barulhinho do mar
Sonolência!
Sonhos que dormem
Anestesiados.
Fico em outro estado
Com o mantra do mar
O que ele irá revelar...
Acordar com o sol
Devagar ele paira
No mar!

Nós

Corpos que se laçam
Emaranhados no tempo
Submersos na saudade
Na linha do horizonte
Perdidos entre
O onde e o agora!

Carpe Diem

Somos finitos...
Carpe diem, carpe diem
Momentos felizes
Ficarão
O mar infinita sua beleza
Flui...
Sejamos oceanos!

Serena

Brisa que me faz leve
Pensamentos
Me levem
De encontro ao vento
Ao momento
Não lamento...
Sorrio como um rio
Transbordo como o mar
E serena estou a te esperar
Por onde andarás?

Bem-te-vi

Entre flores e espinhos
Disseram que sua partida
Era livramento...
Hoje sinto sua lembrança
Quando o bem-te-vi
Se aproxima de mim
E canta bem-te-vi
Vim morar perto
Do seu lugar preferido
Acaso ou destino?
Você era luz
Me ilumina e me guia...
Lembrei de você hoje
Bem-te-vi.

Estrada

Pé e coração na estrada
Pés que seguem
Viagem...
Sem destino
Sem desatino
Rumo à liberdade
Um poço de felicidade
Numa miragem
Ê saudade!!

Encontro

Energia cortada
Liberdade por um fio
Bem-te-vi, bem-te-vi...
Aos prantos
Encontro
Se beijam
Voo livre
Lado a lado!

Nostalgia

Nostalgia
Alegria
Comprimida
Vida
Surpreendida
Monotomia
Irradia
Nossos dias...
Presente
Passado
Futuro
Eis o nosso mundo!

Amor presente

Olho pro lado
Mas não vejo
Nada!
Amor oculto
Passado revelado
Amor presente
Sorriso que aquece
O passo da gente...
Olho pro outro lado
E te vejo na minha frente!

Filha

Amor
Da minha vida
Cresceu
Tamanho meu...
Já cabe nos vestidos
Meus!
A sua alegria
Se veste com ousadia
Meu presente de
Todos os dias
Ao teu lado...

Suprassumo

Você é meu
Sonho de consumo
Suprassumo
Deixa-me entrar
No seu mundo
Por um segundo...
Sonho seu
Sonho meu!

A fé realiza

Boa da cabeça
Doente do pé
Haja fé
Para seguir
Com o que
Se quer...
Querer
É poder
Basta
Correr...
A cabeça idealiza
O pé
E a fé
Realiza!

Marte

Cachorros
Pardos
Gatos
Serenos
Seres
Pequenos
Inigualáveis
Voláteis
Aos anéis de Marte.

E você?

Plantei alguns espinhos
Colhi flores
Chutei pedras
Quebrei muros
E você
Que faz nesse mundo?
Planta
Colhe
Chuta
Quebra
Ama?!

Paixão

Coração aberto
Sentimento expresso
Saudade correspondida
Ausência
Presença
Sonho
Livre
Desejo
Expresso
Coração liberto!

Era? Não é mais!

Era cinza
Mas o sol
Ardia em mim
Era amargo
Mas o doce
Morava em mim
Era vazio
Mas a plenitude
Pairava por ali...
Era?
Não é mais!

Outono

Leve outono
Brilho suave
Na superfície
Mesmice
Entre eu
Você
O sol
E o eu...
Onde estará
A próxima estação?
Esquecida
Monotomia
Aquecidos os corações
Entre os verões
Que virão
Invernos internos
Leves outonos
Doce!

Pandemia Covid-19

A coisa tá feia
Estamos presos
Engaiolados
Passarinhos cantam
Notas repetidas
Como nós
Repetimos os dias
Desafinados
Confinados
O que não desafina
É a esperança
Que se aproxima
Obra-prima
É a vida!

Te quero!

Palavras não ditas
Gestos inacabados
Olhares submersos
Mero esmero
Te quero!

Mamusca

Casa vazia
Ausência
Escuridão!
Chegou em passos silenciosos
Aos poucos...
Voz doce
Caminhar...

Saudade sem fim!

Saudade sua
Saudade pura
Saudade aguda
Saudade translúcida
Saudade profunda
Saudade apertada
Saudade minha?
Saudade sua!

Luz

Luz que me ilumina
Irradia
O dia
Dança dos coqueiros
Som das palhas
Leve movimento
No ar...
Luz que me ilumina
É minha
É sua
É nossa
Luz que irradia
O dia!

Gugu

Era um dia frio
A criança se despedia
Incessantemente
Na janela
Reflexo das nuvens
Passageiras
Como o tempo.

A casa onde eu moro

A casa onde eu...
Moro
Transpira vida
Respira alegria
Reflete paz

A casa onde eu...
Vivo
Vive em mim
O carinho
A saudade
O amor
O respeito

A casa onde eu...
Acordo
Me acolhe
E acolho também!

A casa onde eu moro, vivo, acordo...

Adolescência

Na esquina da vida
Lembro-me do tempo perdido
De quem amou
O sonho se realizou
No ardor de quem sente
A dor
Da traição
Da decepção
Que entre as chamas ardentes
Só restaram cinzas
Por onde irá
Somente o ódio e o rancor.

Cachorro

Abriu a porta
Ele disse
Vim pegar você...
O cachorro fugiu
Pegue ele!
Fechou a porta
E pegou os dois cachorros!

Destino

Preso
Entre
O sim
O não
E o talvez...
Eis que destino
Livre
De desatino
Solto
Ao ar.

Meus sonhos

Sigo na corda bamba
Dos meus sonhos
Mas na certeza
De concretizá-los...
Reais e imaginários
Alguns realizados
Desejos serão alcançados
Na corda bamba dos meus sonhos...

W.

Seu nome
Não saía
Da minha cabeça
Igual aquele dia
Que seu cheiro
Não saía do meu corpo!

Amor à vista

Amor à primeira vista
Atração
Ação
Coração
Palpita
Admiração
Ligação...
Amor à primeira vista?
Amor à vista!

Só você não vê!

O seu não
É um sim
A espera
É água parada
Esfria
A alquimia...
Só você
Não vê
Que o seu não
É um sim!

Esperança

Naquele dia
Seus olhos brilhavam
Seus lábios sorriam
Estava radiante...
Passaram-se os dias
E não havia esperança
No olhar das crianças
Houve mudança
E nunca deixou de acreditar
Que no fundo havia esperança
Mesmo depois de tanta perda
Seus olhos brilhariam novamente
Como o sol radiante
Haverá outro dia
Outro sol
Outra lua
Outro amor...

Pedro

A menina não gostava de político
Até aparecer o Pedro, pedreiro
Da música do Chico?
Não!
É o Pedro que não espera
Constrói e faz acontecer
É o tal deputado surfista
Me encantei
Desde a primeira vez que vi
Numa *live*
E agora só suspiro
Nos *stories*
Mas o que quero
É fazer estória
A gente até combina
Vamos fazer rima?!
Né que a menina que não gostava de político...
Agora admira!

Infância

Casa de vó
Viagem nas férias
Infância doce
Regada a brincadeiras
E reinação
Lembro do dia
Que meu braço ficou rosa
Caiu dentro do tacho
De doce de leite
Mas e o deleite?
Era o rala bunda
No barro vermelho
A água que escorria da chuva
Com primos e primas
Ladeira abaixo
Andar a cavalo
Até doer a bunda
De tanto galopar...
E tomar o chá
Do tio Dugué
Quando ele ia chegando
Lembranças de um tempo
Não tão distante...
A casa agora está fechada
Muitos já se foram
Outros virão
Para quem sabe
Abrir a porteira

E pegar a carona na charrete
Levar o leite na rodovia
Não chore pelo leite derramado
Dele fazemos um doce de leite
Bom deleite!

Será que a vida é um sonho?

O alimento dos sonhos
Será a ilusão?
Sonho sonhado
Já é realidade
E o que é a realidade?
Será real ou um sonho?
Acordamos e vivemos
Uma rotina
Será um sonho ou realidade
Alguns dirão
Que é um pesadelo
Viver
Acordar
Trabalhar
Dormir
E sonhar...
Será que a vida é um sonho?

Tainá

No deserto
Das possibilidades
Há muita saudade
Na incompatibilidade
Dos desejos
Mais profundos
Há um oásis
Onde me encontro
Me renovo
No deserto...
Há no horizonte
Uma infinitude
Como algo a ser
Alcançado
Infinito
Além
Mar!

Há amor

Há amor no seu sorriso
Há amor no seu movimento
Há amor na sua teimosia
Há amor na sua preguiça
Há amor na sua vaidade
Há amor na sua lealdade
Há amor na sua simplicidade
Ah, amor?
Cadê o seu sorriso
E o seu movimento
Que mexe com a minha teimosia...
Me dá uma preguiça quando
Penso na vaidade
Ah, amor?
Sinto falta da sua
Lealdade
E simplicidade
Há amor...

Crush

A minha altura é a sua
O meu desejo é seu
O sorriso é nosso
Eu faço como posso
Me leva pras alturas
E faz loucuras
A essa altura do campeonato
Me ganha no laço
E no ato!

O tempo

O tempo chamou o tempo
Para conversar
E disse
O tempo está passando rápido demais
Porque cansou de ser devagar
É o tempo do
Café esfriar
A maré subir
A flor desabrochar
As fases da lua
As 365 voltas ao sol...
E o tempo veloz disse pro tempo lento:
Eu não posso parar!
E você, já deu uma pausa hoje?

Ausência

Já tive vários corpos
Magros, gordos
Já tive vários amigos
Alegres e tristes
Já tive vários empregos
Produtivos, inativos
Já tive vários endereços
Habitáveis, inabitáveis
Já tive vários animais
Dóceis, não dóceis
Já tive vários amores
Presentes, ausentes
O que não tive?
Você!

O sentido

A gula é a tentação
O cheiro é a água na boca
A boca é o paraíso
Dos sentidos
O sentido é ter você
Aqui comigo!

Só o tempo vai dizer...

Só o tempo vai dizer
Quanto tempo
Vai demorar
Para a gente se encontrar
O amor nasce quando
Menos se espera
E quando a espera
É grande
Só o tempo vai dizer!
O amor à primeira vista
Brota
Quando menos se espera
E quando a gente vê
Já é sexta...
Amor de segundos
Amor de segundas
...
Só o tempo vai dizer!

Meu corpo não é um parque de diversão

Meu corpo não é
Um parque de diversão
Para você entrar
E brincar
Meu coração é
Uma bússola
Em busca do amor
Que sente o frio
Na barriga
O coração acelerado
Meu corpo é um templo
E merece ser amado
E respeitado!
Meu corpo não é
Um parque de diversão.

Passado

Abracei o teu olhar
Escutei o teu coração
Senti o teu cheiro
Alimentei teus sonhos
Dormi nos teus braços
Revivi o passado
Ao teu lado!

Pé de jambo

Chuva passageira
Cheiro de terra molhada
Da janela
O bem-te-vi pousa
Na árvore
Brinca de trocar de galho
Se isola
E pousa no fio
Na árvore os pássaros dialogam
Em seus cantos
E encantos
Bem-te-vi
Sutilezas de uma terça à tarde.

Seguindo o fluxo

Seguiam em direções contrárias
Ele era noite
Ela era dia
Seguiam em passos largos
Ele era norte
Ela era sul
Seguiam o fluxo
Ele era veloz
Ela era lenta
Seguiam o coração
Juntos
Na mesma direção!

Amor líquido

Não quero nada sério
Amores líquidos
Amor?
Ausência de amor!
O amor não é sério...
Ele é divertido
Prazeroso
Companheiro
Sólido
Às vezes
Mas sério não!
Tenho certeza que você
Já ouviu isso
Não quero nada sério!
O que é ser sério?
É uma cara fechada
A inflação
A falta de amor
Um coração fechado
Isso, sim, é sério!
Quando ouço
Não quero nada sério
Perco o interesse
Fala sério?!

Lua que flutua

A insustentável leveza do ser
Lua que flutua
Nua sou sua
Meia-luz
À beira-mar
Estrelas
Brisa
No caminhar
Ao luar
A sustentável leveza do viver.

Canto dos pássaros

Pássaros
Passarão
Passará
Por seus cantos
Ouvi-los cantar
Doce deleite
Caminhar entre as árvores
Passará
Passarão
Passarinhos
No ninho
Nesses momentos
Meu aconchego
Corredor da Vera Arruda.

Euzinha

Menina grande
De sorriso largo
De dentes pequenos
Coração grande
Anda em passos largos
Sonha grande
Deseja o desejo
De felicidade e harmonia!
Menina grande
Mulher!

Apoio

Era a sombra no dia ensolarado
O teto
Para todo e qualquer lamento
O firmamento
A todo momento...
As feridas cicatrizavam
Com suas palavras
Ao sabor de um café quente
No amanhecer!

Lula Presidente

Sensação de ressaca
Embriagada de sonhos
De democracia
E de liberdade
Não vou mentir
Que o medo reinou
Na noite de ontem
Mas a esperança
Há de amanhecer
E florescer nossos corações
Nessa próxima eleição!

Silhueta ao mar

Maré baixa
Mergulho cedinho
Sol radiante
Brilho no mar
Cardume de peixinhos
A tocar na minha canela
Euforia de risos
Enquanto homem
Contempla a solitude
Na pedra
Silhueta ao mar
Cenas de uma manhã
De domingo!

Mergulho

Saudade dos meus mergulhos
Profundos
Em mim mesma...
Saudade da rotina
Daquela menina que via
Sempre o lado positivo das coisas
De repente tudo ficou tão sério
Gosto do mistério
Das pequenas delicadezas
Gentileza gera gentileza
Da sutileza a surpresa
Que a vida nos reserva
Sinto que perdi algo
Dentro de mim
Ou está escondido
Falta alegria!
Agora mergulho em minhas lágrimas salgadas.

Esta obra foi composta em Le Monde Journal Std 12 pt e impressa em papel Polen Natural 80 g/m² pela gráfica Meta.